AF358373

VENTE

DU SAMEDI 27 NOVEMBRE 1897

HOTEL DROUOT, SALLE Nº 10

A TROIS HEURES

PORTRAITS

École Française

TABLEAUX ANCIENS

DES ÉCOLES

Flamande, Hollandaise, Française, etc.

PROVENANT EN PARTIE DE LA

Succession de M. E. B.

<table>
<tr><td>COMMISSAIRE-PRISEUR</td><td>EXPERT</td></tr>
<tr><td>Mᵉ H. JOUAULT</td><td>M. Hector BRAME</td></tr>
<tr><td>Rue Drouot, 14</td><td>Rue Laffitte, 2</td></tr>
</table>

EXPOSITION PUBLIQUE

Le Vendredi 26 Novembre 1897, de 2 heures à 6 heures

PARIS — 1897

IMPRIMERIE MAULDE et RENOU

MAULDE, DOUMENC & Cie

IMPRIMEURS DE LA COMPAGNIE DES COMMISSAIRES-PRISEURS

Rue de Rivoli, 144. — Paris

VENTE

DE

BIJOUX

Montres, Bagues, Broches

Boucles d'Oreilles en Brillants

PROVENANT DE LA

Succession de M. E. B...

HOTEL DROUOT, SALLE N° 10

Le Samedi 27 Novembre 1897

A trois heures

Me H. JOUAULT, COMMISSAIRE-PRISEUR

14. RUE DROUOT

EXPOSITION PUBLIQUE

LE VENDREDI 26 NOVEMBRE 1897

DE 2 HEURES A 6 HEURES

70331 IMP. MAULDE, DOUMENC ET Cie, PARIS

CATALOGUE

DES

PORTRAITS

École Française

TABLEAUX ANCIENS

DES ÉCOLES

Flamande, Hollandaise, Française, etc.

PROVENANT EN PARTIE DE LA

Succession de M. E. B.

DONT LA VENTE AURA LIEU

HÔTEL DROUOT, SALLE N° 10

Le Samedi 27 Novembre 1897, à 3 heures

COMMISSAIRE-PRISEUR | EXPERT
M⁰ H. JOUAULT | M. Hector BRAME
Rue Drouot, 14 | Rue Laffitte, 2

EXPOSITION PUBLIQUE

Le Vendredi 26 Novembre 1897, de 2 heures à 6 heures

PARIS — 1897

CONDITIONS DE LA VENTE

—

Elle sera faite expressément au comptant.

Les Acquéreurs paieront CINQ POUR CENT en sus des adjudications.

PORTRAITS

École Française

TABLEAUX ANCIENS

PROVENANT EN PARTIE DE LA

Succession de M. E. B.

1 — **Albrier.** Portrait de jeune Femme.

H. 0ᵐ57; L. 0ᵐ49.

2 — **Belle.** Portrait d'Homme.

H. 0ᵐ80; L. 0ᵐ65.

3 — **Belle.** Portrait de Femme.

H. 0ᵐ80; L. 0ᵐ65.

4 — **De Blick**. Bourse d'Amsterdam.

H. 0ᵐ60; L. 0ᵐ55.

5 — **J. Breughel.** Le Débarquement.

H. 0ᵐ54; L. 0ᵐ72.

6 — **Dietrich.** Paysage.

H. 0ᵐ75; L, 1ᵐ.

7 — **S. V. Douw.** Tête d'Homme.

H. 0ᵐ28; L. 0ᵐ21.

8 — **ÉCOLE FRANÇAISE.** Tête de Femme.

H. 0ᵐ72; L. 0ᵐ58.

9 — **École française.** Jeune Fille.

> H. 0^m93; L. 0^m85.

10 — **École française.** Tête de jeune Fille.

> H. 0^m50; L. 0^m47.

11 — **École française.** Portrait de Femme. Époque Louis XVI.

> H. 0^m60; L. 0^m50.

12 — **École française.** Portrait d'Homme. Époque Louis XIV.

> H. 0^m73; L. 0^m59.

13 — **École française.** Portrait d'Actrice.

> H. 0^m57; L. 0^m50,

14 — **École française.** Portrait de Femme. Époque Louis XIV.

> H. 0^m75; L. 0^m60.

15 — **École française.** Pastorale.

> H. 0^m66; L. 0^m56.

16 — **École française.** Portrait d'Homme.
Pastel.

> H. 0^m50; L. 0^m40.

17 — **École italienne.** Femme debout.

> H. 0^m29; L. 0^m22.

18 — **École italienne.** Saint Jean-Baptiste.

> H. 0^m90; L. 0^m89.

19 — **École flamande.** Tête de jeune Homme.

H. 0^m24; L. 0^m18.

20 — **École flamande.** Paysage.

20 *bis* — **École espagnole.** Le Mariage de la Vierge.

H. 1^m92; L. 1^m10.

21 — **École moderne.** Chien.

H. 0^m60; L. 0^m50.

22 — **Inconnu.** Tête de vieille Femme.

H. 0^m68; L. 0^m53.

23 — **Lessor.** Paysage.

H. 0^m30; L. 0^m36.

24 — **Malbranche.** Effet de neige.

H. 0^m25; L. 0^m33.

25 — **Malbranche.** Effet de neige.

H. 0^m21; L. 0^m27.

26 — **Molnaer.** Fête villageoise.

H. 0^m65; L. 0^m95.

27 — **Panini.** Ruines.

H. 0^m70; L. 0^m56.

28 — **Panini.** Ruines.

Pendant au précédent.

H. 0^m70; L. 0^m50.

28 *bis* — **Poussin** (D'après). Le Massacre des Innocents.

H. 1^m15; L. 1^m72.

29 — **Richard.** L'Alchimiste.

H. 0^m54; L. 0^m41.

30 — **Sauvage.** Grisaille.

H. 0^m50; L. 0^m60.

31 — **Van den Bosch.** Scène d'Intérieur.

H. 0^m65; L. 0^m82.

32 — **Van den Bosch.** Scène d'Intérieur.
Pendant du précédent.

H. 0^m65; L. 0^m82.

33 — **Van Dyk** (D'après). Christ.

H. 0^m84; L. 0^m51.

IMPRIMERIE MAULDE, DOUMENC ET Cie

144, RUE DE RIVOLI, PARIS

500—70334